이야기가 담긴 앨범, 20세기의 인물을 만나는 새로운 방법

친한 친구 집에 가서 그 친구의 앨범을 본 적이 있나요? 앨범 속에는 그 사람의 과거와 현재의 모습이 고스란히 담겨 있어요. 뿐만 아니라 앨범을 보면 내가 알지 못했던 그 사람의 솔직한 모습과 한 발짝 더 가까이 만날 수 있지요.
〈북스쿨 인물전-이야기 앨범〉은 지난 20세기를 변화시킨 인물들의 생생한 말이 담긴 앨범입니다. 지난 세기 동안 아무도 가지 않은 길을 갔고, 새로운 우주를 찾아 냈으며, 한 시대를 이끈 이들을 '사진'과 그들이 직접 했던 '말'을 통해 만나는 거예요.
'말'은 그 사람의 생각을 담고 있습니다. 사람들은 말을 통해 어떤 것에 대해 정의를 내리고, 궁금증을 정리하고, 생각을 명확하게 하거든요. 또한 '사진'은 멀게만 느껴졌던 인물들을 가깝고 친근하게 느끼게 해 줄 거예요. 마치 친구의 앨범을 보고 난 다음, 친구를 더 잘 알게 되는 것처럼 말이에요. 사람들로 하여금 감탄을 불러일으키고, 한 시대를 일구어 낸 사람들이 겪은 삶을 이제 앨범을 넘기듯 한 장 한 장 만나 보세요.

피카소, 현대미술을 건져 올린 화가

이 책은 20세기의 가장 유명한 예술가인 '피카소'의 이야기 앨범이에요.
피카소의 사진과 그가 남긴 말이 담긴 앨범을 보는 동안 피카소는 여러분 곁으로 성큼 다가올 거예요. 바로 여기 여러분 곁에, 작업실에, 바닷가에, 식당에 피카소가 있는 것처럼 여겨질 거예요.
무엇이든 꿰뚫어볼 것만 같은 검으면서도 생생한 그의 눈빛을 만나 보세요. 피카소의 사진과 그가 남긴 말들은 우리 머리 속에 그를 고스란히 살려 냅니다. 그리하여 피카소가 오늘날 우리에게 어떤 영향을 미쳤는지 보여 주지요. 또한 그의 천재성을 다시 한 번 깨닫게 합니다. 투철한 왕성과 진솔함을 지녔으며, 언제나 현실에 발 디디고 있었던, 그림에 사로잡힌 남자 피카소
여러분, 피카소의 이야기 앨범을 보면서 피카소에게 다가가 말을 걸어 보세요.

북스쿨 인물전 이야기앨범 01

파블로 피카소

말·피카소 | 그림·에드몽 보두엥 | 옮김·이경혜

계림북스쿨

"사람들이 자신의 이야기를 글로 쓰듯이
나는 그림을 그립니다. 다 그렸든 다 그리지 못했든
내 그림은 어느 것이나 내 일기의 한 페이지입니다.
그래서 내 그림은 모두 소중합니다.
나중에 사람들은 그 속에서 자기들이
좋아하는 페이지를 고르겠지요."

"예술이란 무엇일까요?
예술이 무엇인지 내가 안다면,
나는 그것이 드러나지 않도록 할 겁니다.
예술이란 찾는 것이 아니라 느끼는 거니까요!"

"어렸을 때,
어머니가 내게 말씀하셨지요.
'네가 자라서 군인이 된다면
장군이 되고,
수도사가 된다면 교황이 되어라.'
나는 화가가 되고 싶었고,
그래서 피카소가 되었습니다!"

"그림은 나보다
훨씬 강합니다.
나는 그림이 시키는 대로
할 뿐이에요."

"아프리카의 이름 없는 예술가들이 만든 조각을 본 적이 있어요. 그 조각들은 눈부시게 아름다웠지요. 난 금방 그 조각들에게 마음을 빼앗겼어요. 그 조각들은 아프리카 사람들의 신앙을 나타내고 있지만, 또 그들이 내뿜는 정열을 고스란히 담고 있기도 했어요. 그러면서도 아주 짜임새 있고 차분했지요. 그 조각들은 인간의 상상이 만들어 낸 가장 힘있고 아름다운 작품이었어요."

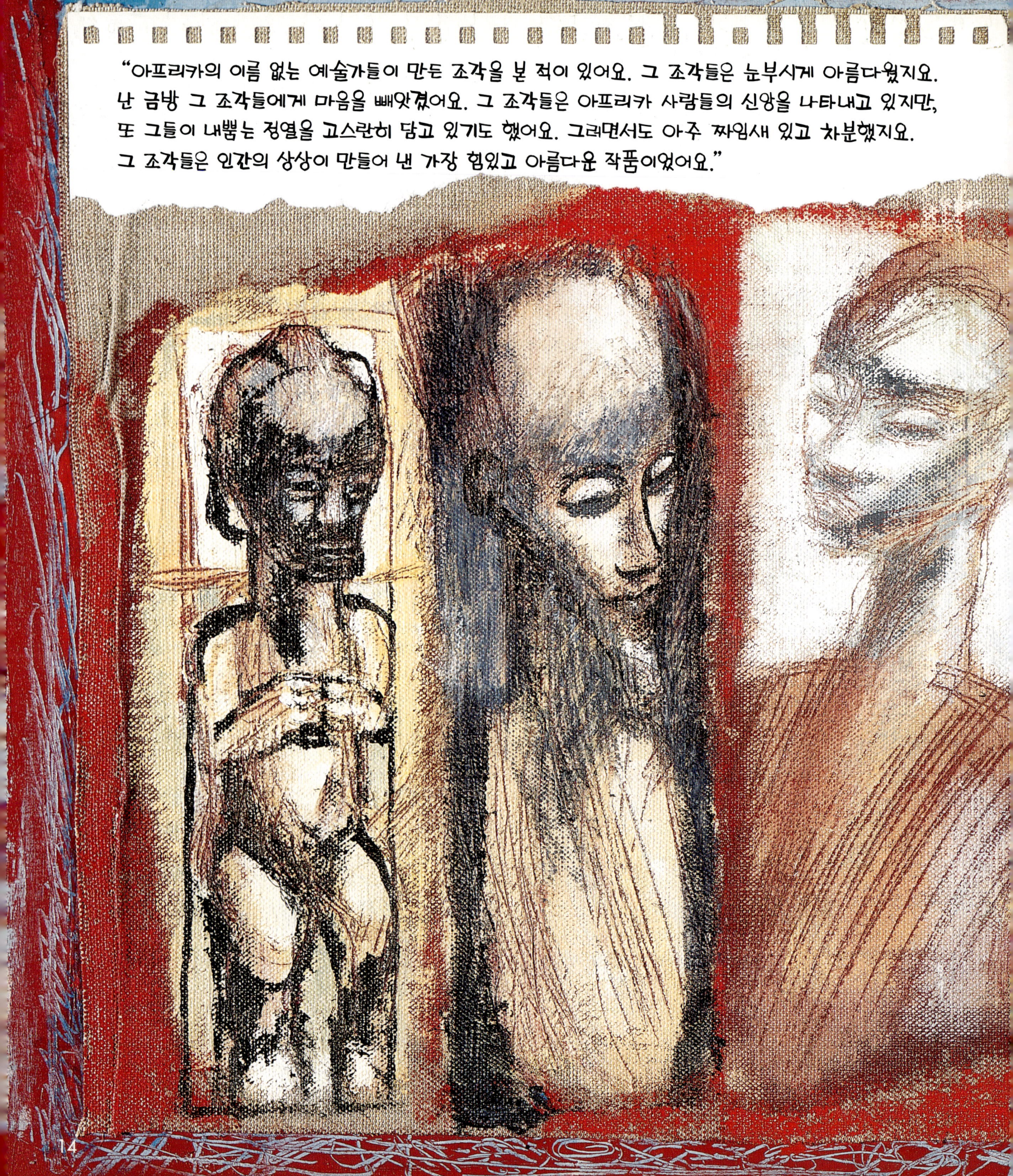

"가면과 흑인 인형,
그리고 먼지를 뒤집어 쓴 마네킹이 늘어서 있는
으스스한 박물관 안에 홀로 있은 적이 있어요.
그 때 나는 비로소 내가 화가인 이유를 깨달았습니다.
<아비뇽의 처녀들>이 떠오른 것은 바로 그 날이었지요.
형태 때문에 그린 것은 아니에요. 그 그림은
내가 처음으로 그린 신비스러운 그림이었으니까요!"

"어떤 사람이 참된 예술가인가요?
눈만 있으면 화가이고, 귀만 있으면 음악가인가요?
가슴속에 하프만 있으면 시인이고, 근육만 있으면 권투 선수인가요?
그런 사람들이 예술가라고 생각하나요?

결코 그렇지 않습니다.
예술가는 예술가이면서 또 한 나라에 속한 시민이기도 합니다.
즐거운 일이든 괴로운 일이든 이 세상에서 벌어지는 모든 일에
예술가는 늘 깨어 있어야 합니다.
어떻게 사람들한테 관심을 기울이지 않을 수가 있나요?
어떻게 작업실에만 틀어박혀서 사람들이 일궈 내는 갖가지 삶에
아랑곳하지 않은 채 고개를 돌리고 살아갈 수 있습니까?

그렇습니다. 그림은 집이나 꾸미라고 있는 게 아닙니다.
그것은 적과 맞서서 싸우고, 또 나를 지키는 하나의 무기입니다."

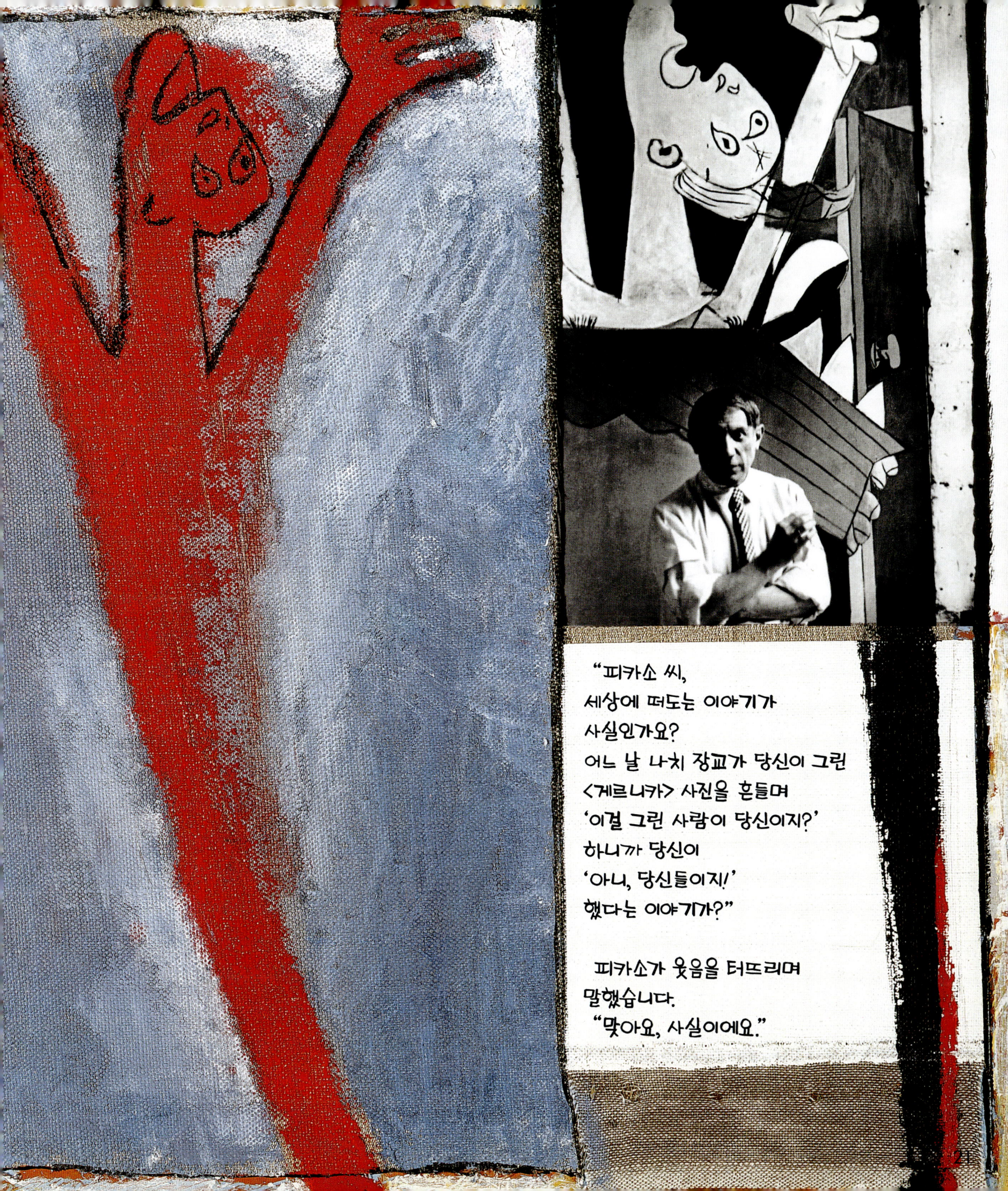

"피카소 씨,
세상에 떠도는 이야기가
사실인가요?
어느 날 나치 장교가 당신이 그린
〈게르니카〉 사진을 흔들며
'이걸 그린 사람이 당신이지?'
하니까 당신이
'아니, 당신들이지!'
했다는 이야기가?"

피카소가 웃음을 터뜨리며
말했습니다.
"맞아요, 사실이에요."

"세잔을 아느냐고요?
세잔은 내게 하나밖에 없는 훌륭한 스승입니다!
여러분은 내가 세잔의 그림을 보기만 했다고 생각할 테지만,
나는 몇 년 동안이나 세잔의 그림을 연구했어요.
세잔!
그는 우리 모두를 지켜 주는 아버지나 다름없는 존재입니다."

한번은 학생들이 피카소에게 이렇게 물었어요.
"남자와 여자가 나누는 사랑과 예술은 어떻게 다른가요?"
피카소가 말했습니다.
"진심으로 말하는데, 그 둘 사이에는 다른 점이 없네."

어린이들이 그린 그림 전시회에 갔을 때 피카소가 말했습니다.
"나는 저 나이 때 라파엘로처럼 그렸습니다.
하지만 저 애들처럼 그리는 걸 배우려면 한평생이 걸려도 모자랄 것입니다."

"사람들은 흔히
중국을 알고 싶으면
중국을 배워야 한다고
하지 않습니까?
그런데 왜 그림을 두고는
배워야 한다고
생각하지 않는 걸까요?"

"나는 몇 달 동안이나 내내
카탈루냐 사람의 집으로
점심을 먹으러 다닌 적이 있습니다.
나는 그 집 찬장을 그저 '찬장'이라고만
여기면서 물끄러미 바라보았습니다.
그러던 어느 날, 나는 문득 그 위에다
그림이 그리고 싶어져서 그렇게 했지요.
그런데 다음 날 가 보니,
찬장은 사라지고 그 자리는 텅 비어 있었습니다.
아뿔싸, 거기에 그림을 그리려는 티를 내지 않고
그걸 얻었어야 했는데……."

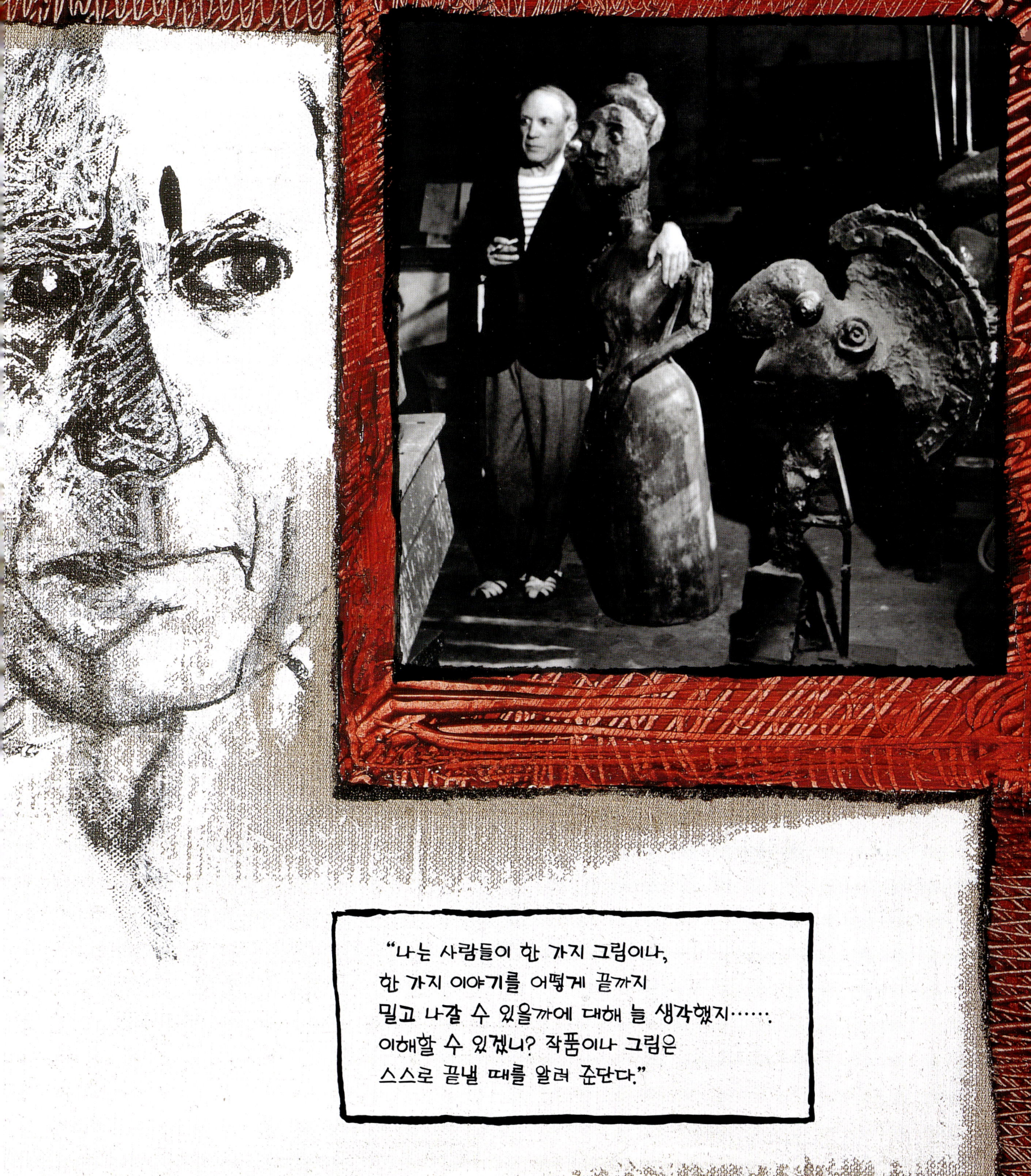

"나는 사람들이 한 가지 그림이나,
한 가지 이야기를 어떻게 끝까지
밀고 나갈 수 있을까에 대해 늘 생각했지……
이해할 수 있겠니? 작품이나 그림은
스스로 끝낼 때를 알려 준단다."

"줄넘기를 하는 어린 내 딸. 어떻게 하면 줄을 넘는 순간 공중에 떠 있는 딸 아이를 조각할 수 있을까? 그렇지! 바닥에 줄넘기 줄을 붙이면 되겠구나.

아무도 눈치채지 못했지."

피카소가 친구인 막스 자코브에게 말했습니다.
"나는 항상 왼손으로만 개를 쓰다듬는다네. 그래야 혹시 개에게 손이 물리더라도 오른손으로 그림을 계속 그릴 수 있지 않겠나."

"나에게 정해진 스타일 따위는 없습니다. 신에게 스타일이 있습니까?
신은 기타와 어릿광대를, 클라리넷과 고양이를,
올빼미와 비둘기를, 그리고 온갖 것을 창조했어요. 나처럼 말이죠.
코끼리와 고래? 이건 잘 어울리죠.
하지만 코끼리와 다람쥐는? 조금 이상하죠!
신은 존재하지 않는 것을 만들었습니다. 나도 그랬죠.
신은 그림도 만들어 냈습니다. 나 역시 그랬습니다."

살다 보면 열심히 일을 할 때도 있고,
그림이 저절로 떠오를 때도 있으며,
또 저절로 그려지는 순간도 있습니다.
결코 허둥지둥할 필요가 없습니다!
모든 것은 저절로 옵니다.
죽음 또한 그렇습니다.

말한이 · 파블로 피카소

1881년 10월 25일, 피카소는 에스파냐의 남부 도시 말라가에서 아버지 호세 루이스 블라스코와 어머니 마리아 로페즈 피카소 사이에서 태어나요. 뒷날 어머니 이름인 피카소를 자기 이름으로 써요.

1895년 피카소 가족은 바르셀로나로 옮겨 가요. 피카소는 14살에 이미 뛰어난 재능으로 미술학교에서 이름을 떨쳐요.

1901년 파리에 있는 미술품 상인 앙브루아즈 볼라르의 화랑에서 첫 전시회를 열어요. 시인 막스 자코브도 만났어요. 카탈루냐 사람인 친구 카사게마스가 자살하자 큰 충격을 받고 '청색 시대'에 접어들어요. 이 시기에는 가난한 사람들의 절망과 슬픔을 청색으로 표현했어요.

1904년~1905년 작품에서 빛이 되살아나는 '장밋빛 시대'가 시작돼요. 여행에서 만난 세계와 기타 연주, 어릿광대를 흔히 그렸지요. 고대 에스파냐 조각과 아프리카 예술에 눈을 떠요.

1907년 입체파의 탄생을 알리는 〈아비뇽의 처녀들〉로 욕을 먹었어요.

1909년~1912년 어떤 사물을 동시에 여러 곳에서 바라보는 시점으로 그림을 그렸어요. 이런 그림을 '분석적 입체주의'라고 해요.

1916년 프랑스의 시인이자 소설가인 장 콕토와 러시아 무용가 디아길레프를 만나요. 장 콕토가 대본을 쓰고 디아길레프가 안무한 발레극 〈퍼레이드〉의 무대 장식과 의상을 맡아요.

1918년 디아길레프 무용단 단원인 올가와 결혼했어요. 1921년에는 아들 파울로가 태어나지요.

1932년 새로운 애인 마리 테레즈 발터를 만나 딸 마야를 낳아요. 부아줄루의 성에서 살아요.

1936년 에스파냐 내란이 일어나자 공화파에 서서 일해요. 1937년 4월 26일, 게르니카에 끔찍한 폭격이 있은 뒤 〈게르니카〉를 그려요. 이때 그려진 〈울고 있는 여인〉의 주인공은 새로운 애인인 도라 마르라고 해요.

1943년 프랑수아즈 질로와 만나요. 둘 사이에서 클로드와 팔로마 두 아이가 태어나요.

1944년 프랑스 공산당에 들어감으로써 자유로운 예술의 상징이었던 피카소가 거의 전설적인 인물이 돼요.

1946년 앙티브 미술관 관장이 그리말디 궁전을 마음대로 쓰게 했어요. 피카소는 이 곳에서 여러 달 동안 작업을 해요. 나중에 피카소 미술관이 된 이 곳에 작품을 기증한답니다.

1953년 프랑수아즈 질로와 헤어졌어요. 잡지에 실린 스탈린 초상화 때문에 말썽이 일어나지요.

1956년 조르주 클루조가 피카소의 삶을 다루는 〈피카소의 신비〉라는 영화를 만들어요. 한편, 피카소는 헝가리를 침략한 소련군에 항의하는 편지를 프랑스 공산당에 보내요.

1957년 에스파냐 정신으로 돌아가요. 벨라스케스의 〈라스 메니나스〉, 들라크루아의 〈알제의 여인들〉과 같은 과거 화가의 그림을 자기 나름대로 다시 그려요.

1958년 자클린 로크를 만나요. 둘은 1961년에 결혼해요.

1966년 파리 그랑 펠레에서 전시회를 열어요. 위대한 예술가 피카소를 보려고 엄청난 사람이 몰렸지요.

1973년 프랑스 무쟁에서 숨을 거둬요. 피카소는 죽기 전날까지도 그림을 그렸어요.

그린이 에드몽 보두엥

에드몽 보두엥은 1942년 프랑스 니스에서 태어났어요. 보두엥은 서른 살이 넘어서 그림을 그리려고 회사를 그만두고, 1974년부터 만화를 그리기 시작했어요. 그림 실력도 뛰어나지만, 인간에 대한 깊은 이해로 그는 세월이 갈수록 더욱 성숙한 작품을 만들어 낸답니다.

에드몽 보두엥은 책의 제작 흐름이 바뀜에 따라, 또 참여 예술의 흐름에 따라 유명한 상을 많이 받았어요. 보두엥이 그린 〈세월은 흐른다(1982)〉, 〈쿠마 야코(1992)〉, 〈피에로 신부(1994)〉, 〈반항아(1994)〉, 〈여행(1997)〉, 〈피에로(1998)〉와 같은 그림은 감정을 잘 표현하는 섬세한 감각을 지닌 작품으로 특히 유명해요.

전통이나 교육에 얽매이지 않고, 넘치는 호기심으로 끊임없이 새로운 분야를 넘나드는 에드몽 보두엥은 그래픽 화법이 나아갈 새로운 길을 열었다는 평가도 받고 있어요.

에드몽 보두엥의 작품과 그가 개척한 길은 유럽뿐만 아니라 일본의 많은 젊은 만화가들에게도 깊은 영향을 주었어요. 1995년 이후부터 지금까지 보두엥은 다다 잡지에 참여하고 있어요. 다다에 실린 〈소묘에 대한 질문〉은 화가 보두엥의 열정과 오랜 세월 동안 쌓아온 빛나는 감각이 잘 나타나 있어요.

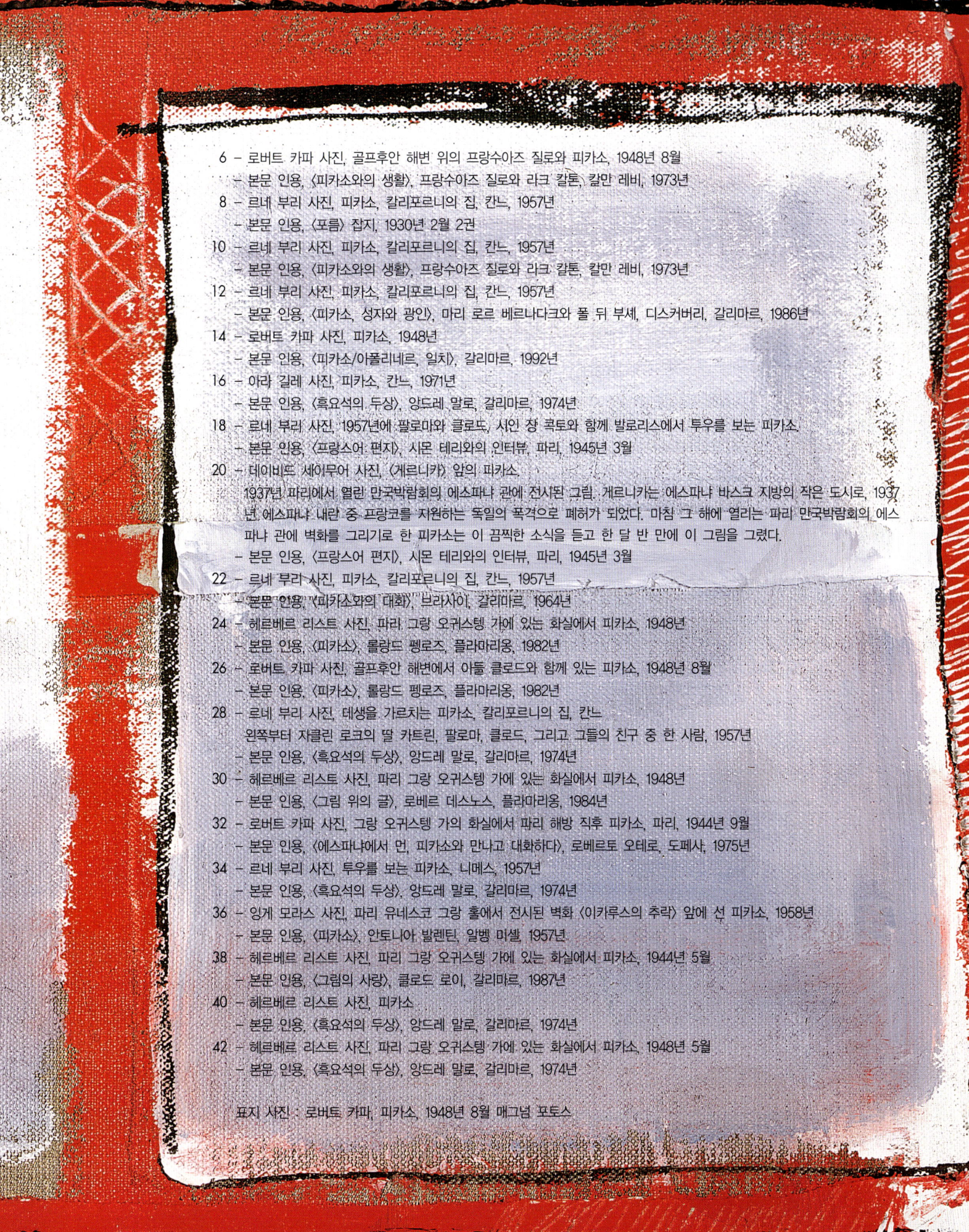

6 – 로버트 카파 사진, 골프후안 해변 위의 프랑수아즈 질로와 피카소, 1948년 8월
   – 본문 인용, 《피카소와의 생활》, 프랑수아즈 질로와 라크 칼톤, 칼만 레비, 1973년
8 – 르네 부리 사진, 피카소, 칼리포르니의 집, 칸느, 1957년
   – 본문 인용, 《포름》 잡지, 1930년 2월 2권
10 – 르네 부리 사진, 피카소, 칼리포르니의 집, 칸느, 1957년
   – 본문 인용, 《피카소와의 생활》, 프랑수아즈 질로와 라크 칼톤, 칼만 레비, 1973년
12 – 르네 부리 사진, 피카소, 칼리포르니의 집, 칸느, 1957년
   – 본문 인용, 《피카소, 성자와 광인》, 마리 로르 베르나다크와 폴 뒤 부셰, 디스커버리, 갈리마르, 1986년
14 – 로버트 카파 사진, 피카소, 1948년
   – 본문 인용, 《피카소/아폴리네르, 일치》, 갈리마르, 1992년
16 – 아라 길레 사진, 피카소, 칸느, 1971년
   – 본문 인용, 《흑요석의 두상》, 앙드레 말로, 갈리마르, 1974년
18 – 르네 부리 사진, 1957에 팔로마와 클로드, 시인 장 콕토와 함께 발로리스에서 투우를 보는 피카소
   – 본문 인용, 《프랑스어 편지》, 시몬 테리와의 인터뷰, 파리, 1945년 3월
20 – 데이비드 세이무어 사진, 《게르니카》 앞의 피카소.
   1937년 파리에서 열린 만국박람회의 에스파냐 관에 전시된 그림. 게르니카는 에스파냐 바스크 지방의 작은 도시로, 1937년, 에스파냐 내란 중 프랑코를 지원하는 독일의 폭격으로 폐허가 되었다. 마침 그 해에 열리는 파리 만국박람회의 에스파냐 관에 벽화를 그리기로 한 피카소는 이 끔찍한 소식을 듣고 한 달 반 만에 이 그림을 그렸다.
   – 본문 인용, 《프랑스어 편지》, 시몬 테리와의 인터뷰, 파리, 1945년 3월
22 – 르네 부리 사진, 피카소, 칼리포르니의 집, 칸느, 1957년
   – 본문 인용, 《피카소와의 대화》, 브라사이, 갈리마르, 1964년
24 – 헤르베르 리스트 사진, 파리 그랑 오귀스텡 가에 있는 화실에서 피카소, 1948년
   – 본문 인용, 《피카소》, 롤랑드 펭로즈, 플라마리옹, 1982년
26 – 로버트 카파 사진, 골프후안 해변에서 아들 클로드와 함께 있는 피카소, 1948년 8월
   – 본문 인용, 《피카소》, 롤랑드 펭로즈, 플라마리옹, 1982년
28 – 르네 부리 사진, 데생을 가르치는 피카소, 칼리포르니의 집, 칸느
   왼쪽부터 자클린 로크의 딸 카트린, 팔로마, 클로드, 그리고 그들의 친구 중 한 사람, 1957년
   – 본문 인용, 《흑요석의 두상》, 앙드레 말로, 갈리마르, 1974년
30 – 헤르베르 리스트 사진, 파리 그랑 오귀스텡 가에 있는 화실에서 피카소, 1948년
   – 본문 인용, 《그림 위의 글》, 로베르 데스노스, 플라마리옹, 1984년
32 – 로버트 카파 사진, 그랑 오귀스텡 가의 화실에서 파리 해방 직후 피카소, 파리, 1944년 9월
   – 본문 인용, 《에스파냐에서 먼, 피카소와 만나고 대화하다》, 로베르토 오테로, 도페사, 1975년
34 – 르네 부리 사진, 투우를 보는 피카소, 니메스, 1957년
   – 본문 인용, 《흑요석의 두상》, 앙드레 말로, 갈리마르, 1974년
36 – 잉게 모라스 사진, 파리 유네스코 그랑 홀에서 전시된 벽화 《이카루스의 추락》 앞에 선 피카소, 1958년
   – 본문 인용, 《피카소》, 안토니아 발렌틴, 알뱅 미셀, 1957년
38 – 헤르베르 리스트 사진, 파리 그랑 오귀스텡 가에 있는 화실에서 피카소, 1944년 5월
   – 본문 인용, 《그림의 사랑》, 클로드 로이, 갈리마르, 1987년
40 – 헤르베르 리스트 사진, 피카소
   – 본문 인용, 《흑요석의 두상》, 앙드레 말로, 갈리마르, 1974년
42 – 헤르베르 리스트 사진, 파리 그랑 오귀스텡 가에 있는 화실에서 피카소, 1948년 5월
   – 본문 인용, 《흑요석의 두상》, 앙드레 말로, 갈리마르, 1974년

표지 사진 : 로버트 카파, 피카소, 1948년 8월 매그넘 포토스

PICASSO
Illustrations by Edmond Baudoin

Copyright ⓒ 2000 Editions Mango Jeunesse-Album Dada
Photographies Copyright Magnum photos

Korean translation copyrights ⓒ 2004 Kyelim Bookschool Pub. Co., Seoul
This Korean edition was published by arrangement with Editions Mango Jeunesse through The Agency, Seoul.

이 책의 한국어 저작권은 더 에이전시를 통한 Editions Mango Jeunesse와의 독점 계약으로 계림북스쿨이 소유합니다.
신저작권법에 의하여 한국 내에서 보호 받는 저작물이므로 무단 전재와 복제를 금합니다.